째깍째깍
시간 박물관

째깍째깍 시간 박물관 신기하고 재미있는 시간과 시계 이야기

초판 1쇄 발행 2012년 3월 10일 | 초판 10쇄 발행 2024년 2월 14일

지은이 ● 권재원 | 펴낸이 ● 염종선 | 책임편집 ● 천지현 | 디자인 ● 이은혜
펴낸곳 (주)창비 | 등록 1986. 8. 5. 제85호 | 제조국 대한민국 | 주소 10881 경기도 파주시 회동길 184 | 전화 031-955-3333
팩스 031-955-3399(영업) 031-955-3400(편집) | 홈페이지 www.changbikids.com | 전자우편 dongmu@changbi.com

ⓒ 권재원 2012
ISBN 978-89-364-4623-9 73400

★ 이 책 57쪽에 사용된 앙부일구 사진은 국립고궁박물관에서 제공한 것입니다.
★ 이 책 내용의 일부 또는 전부를 재사용하려면 반드시 저작권자와 창비 양측의 동의를 받아야 합니다.
★ 책값은 뒤표지에 표시되어 있습니다. ★ KC마크는 이 제품이 공통안전기준에 적합하였음을 의미합니다.
★ 사용 연령: 3세 이상 ★ 종이에 베이거나 긁히지 않도록 주의하세요.

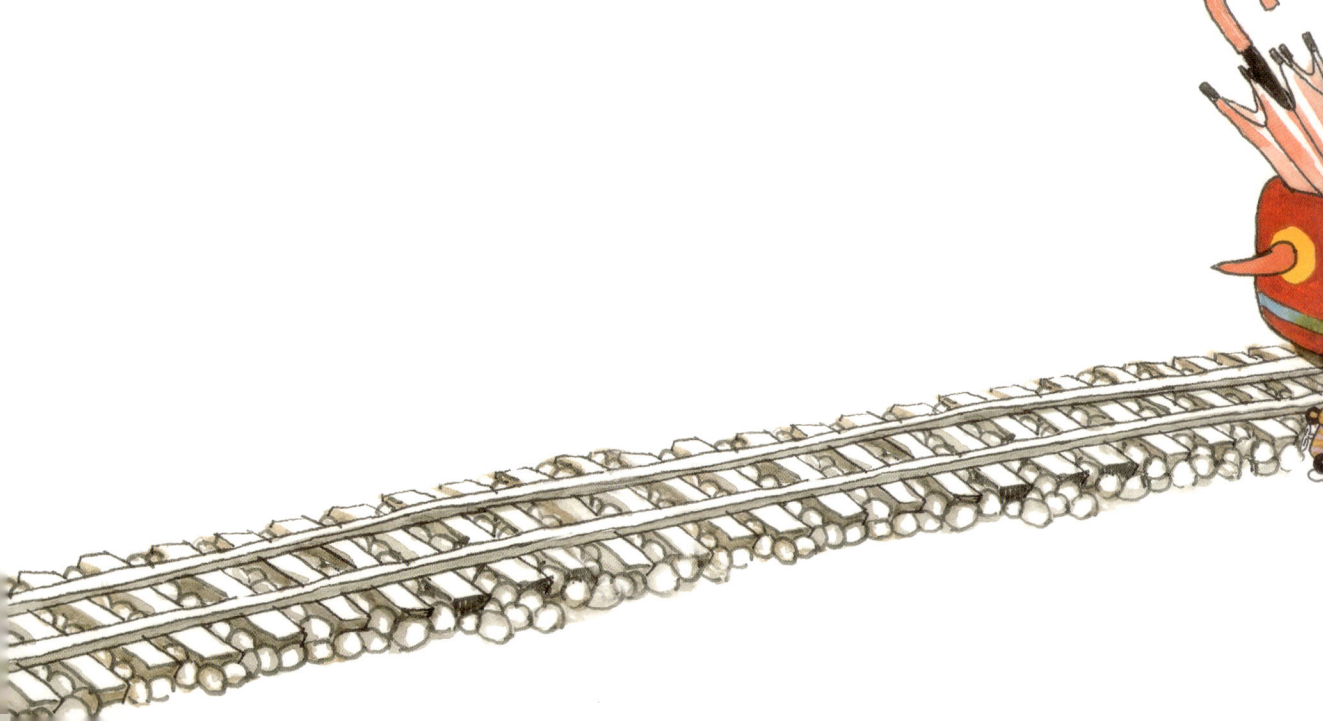

째깍째깍
시간 박물관

신기하고 재미있는 시간과 시계 이야기

권재원 지음

창비

칙칙폭폭 칙칙폭폭.
시간 박물관에 가요.
굽이굽이 골짜기를 달려 터널에 막 들어서는데…….

덜컹, 쿵!

기차가 터널 속에서 그만 멈춰 섰어요.

불도 전부 꺼져 버려서 사방이 깜깜해요.

"이런, 10시까지 박물관에 가야 하는데. 지금이 몇 시지?"

코끼리 선생님이 모자를 만지작거리며 물었지만 아무도 대답하지 못했어요.

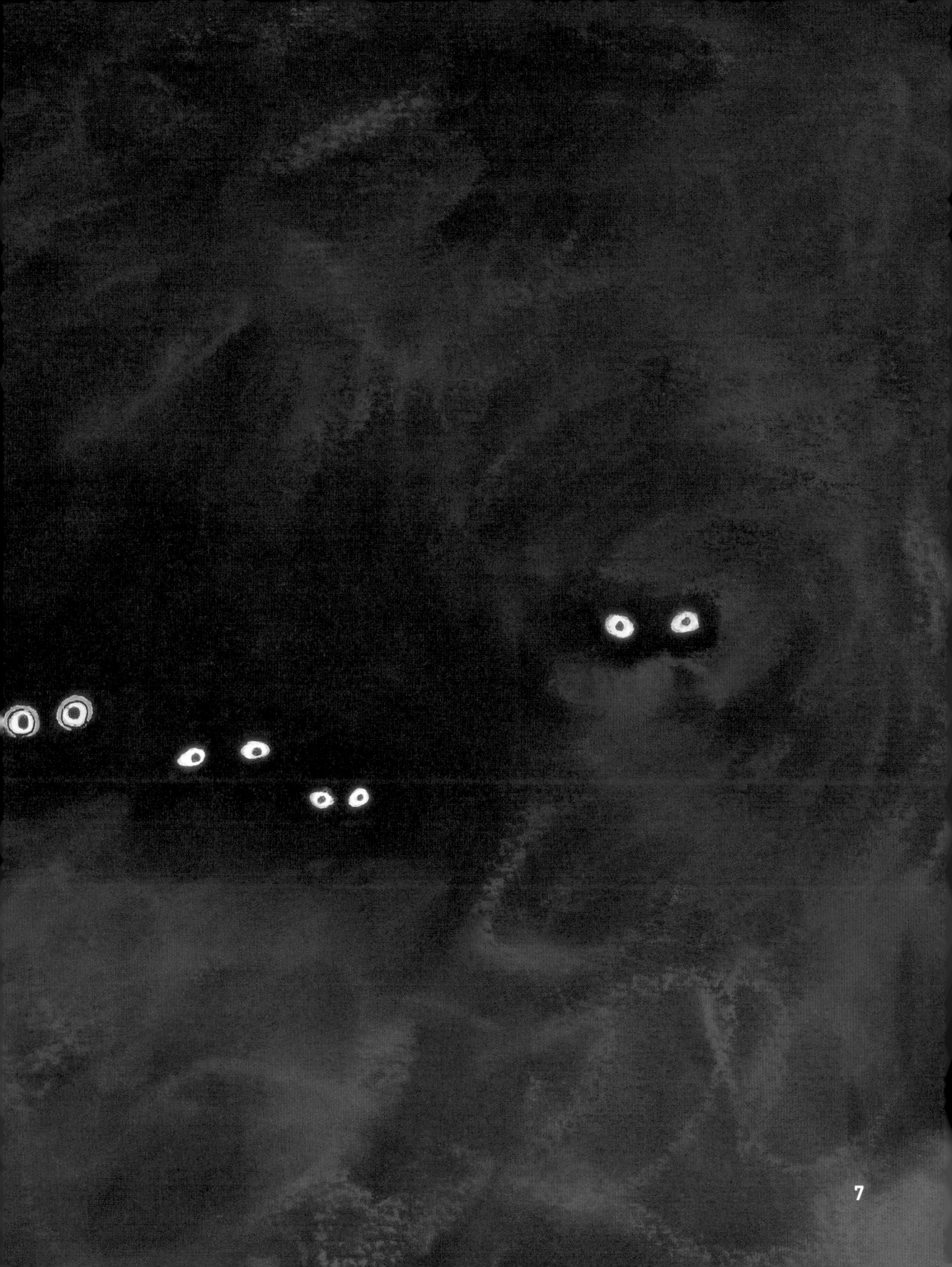

아뿔싸! 시계가 산산조각 나 버렸어요.
"얘들아, 시간이 망가져 버렸어."
꿀꿀이가 발아래로 굴러 온 나사못을 집어 들며 말했어요.
"시간이 아니라 시계가 망가진 거야."
찍찍이가 야무지게 대꾸했지요.

계속해서 찍찍이가 자분자분 말했어요.
"시간이랑 시계는 달라.
시간은 보이지 않지만 계속 흐르는 거고
시계는 시간이 얼마나 흘렀는지 보여 주는 거야."

흐르는 시간

빵 만들기를 예로 들어 볼까?
반죽을 하고 나서 시간이 흐르면
빵 반죽은 커다랗게 부풀어.

빵 반죽 만들기

빵 반죽 부풀리기

시간이 흐르면
빵 반죽은 노릇노릇하게 구워지면서
구수한 냄새를 풍기지.

시계가 땡 하고 울려
'시간이 다 흘렀다'고 알리면
맛있는 빵을 먹을 수 있는 거야.

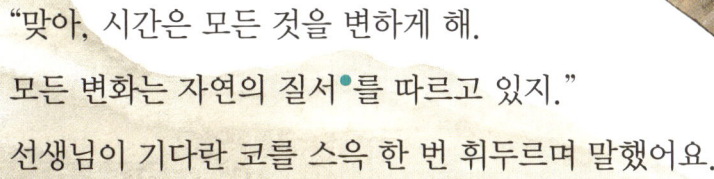

"맞아, 시간은 모든 것을 변하게 해.
모든 변화는 자연의 질서●를 따르고 있지."
선생님이 기다란 코를 스윽 한 번 휘두르며 말했어요.

● **질서** 순조롭게 이루어지게 하는 순서나 차례.

씨앗이 자라나 꽃을 피우고 열매를 맺는 것도
시간이 흘렀기 때문이란다.

씨앗   새싹   잎과 줄기가 자란 모습   꽃이 핀 모습   열매를 맺은 모습

아침에 해가 뜨고 지거나 한 달 동안 달의 모양이 변하고
봄 여름 가을 겨울이 되풀이되는 것…….
자연의 질서를 알아낸 사람들은 이것을 시간이라고 부르게 되었어.

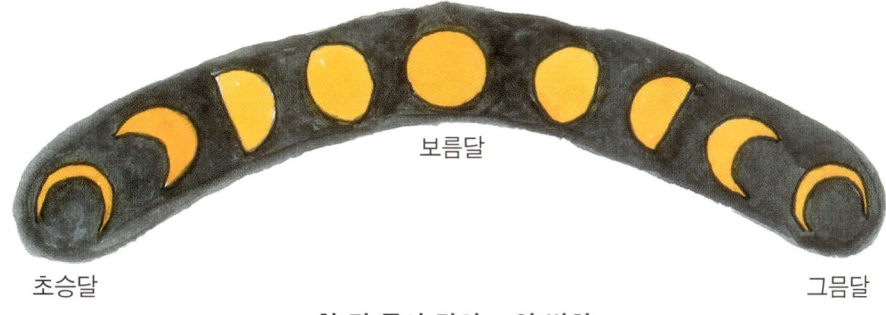

초승달   보름달   그믐달

한 달 동안 달의 모양 변화

시간의 가장 중요한 의미는 자연의 질서라는 거야.
이 질서는 아주 강력해서 아무도 거스를 수 없어.

하지만 상상하기 좋아하는 사람들은
과거나 미래를 오가는 타임머신을 꿈꾸기도 하고
시간이 거꾸로 흐르거나 시간이 멈춘 장소 같은 것을 상상해.

과거로 시간 여행

타임머신을 타고 과거로 간 코끼리　　　　　1만 년 전 매머드

거꾸로 가는 시간

늙은 코끼리　　젊은 코끼리　　아기 코끼리　　엄마 배 속 코끼리

"만약 우리가 시간을 거슬러
기차가 터널로 들어오기 전으로
돌아갈 수만 있다면 기관사 아저씨한테
조심하라고 미리 알릴 수 있을 텐데……."
찍찍이가 아쉬워하자 선생님이 싱긋 웃었어요.
"그래, 그럼 좋겠지. 하지만 지나간 시간을
돌이킬 수 없으니 그냥 걸어가자꾸나."
선생님은 아이들을 데리고
터널 밖으로 향했어요.

우르르 꼬르르륵 쾅쾅!
별안간 무시무시한 천둥소리가 울려 퍼졌어요.
"으악! 터널이 무너지려나 봐."
모두 허둥지둥 어쩔 줄을 몰라요.
그런데 한쪽에서 꿀꿀이가 배를 움켜잡으며 말했어요.
"내 배꼽시계가 밥 먹을 시간이라고 알리는 소리야."

"거짓말! 배꼽에 시계가 어딨냐?"
야옹이가 톡 쏘아붙이는데 선생님이 코를 가로저으며 말했어요.
"생물은 모두 몸시계가 있어.
정해진 시간에 깨어나고 잠들고, 같은 시간에 배가 고파지고,
비슷한 속도로 늙어 가는 것은 모두 몸시계가 하는 일이야."

몸시계

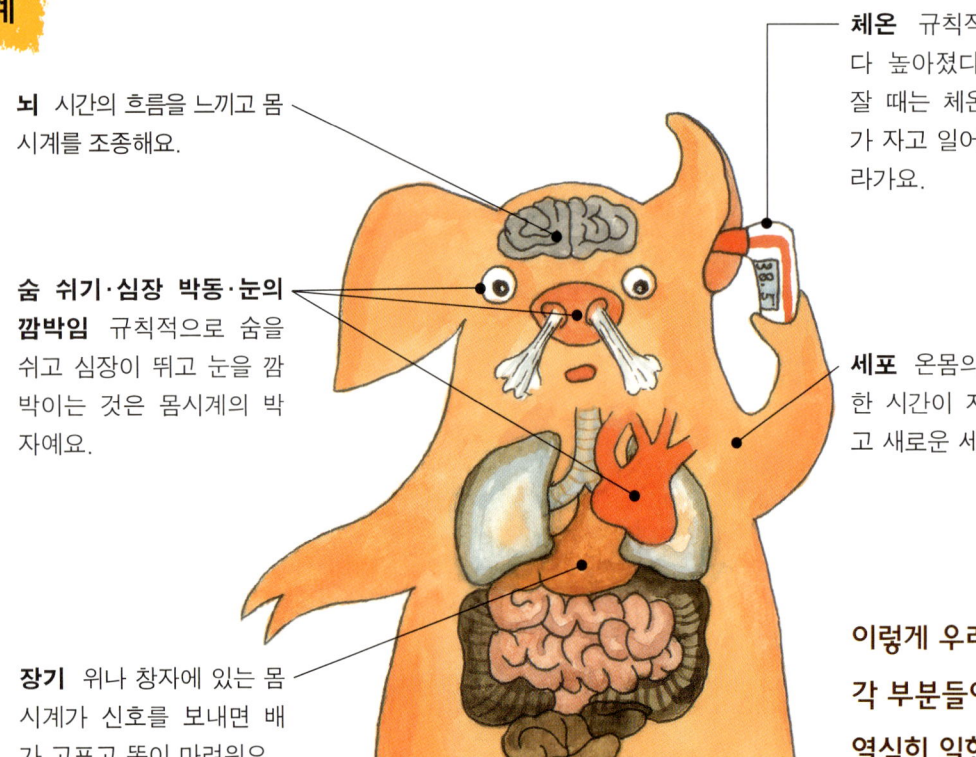

뇌 시간의 흐름을 느끼고 몸시계를 조종해요.

숨 쉬기·심장 박동·눈의 깜박임 규칙적으로 숨을 쉬고 심장이 뛰고 눈을 깜박이는 것은 몸시계의 박자예요.

장기 위나 창자에 있는 몸시계가 신호를 보내면 배가 고프고 똥이 마려워요.

체온 규칙적으로 낮아졌다 높아졌다 해요. 밤에 잘 때는 체온이 떨어졌다가 자고 일어나면 다시 올라가요.

세포 온몸의 세포는 일정한 시간이 지나면 사라지고 새로운 세포가 생겨요.

이렇게 우리 몸의 각 부분들이 전부 열심히 일한단다.

활동과 겨울잠 곰, 다람쥐 같은 동물들은 해가 길어지기 시작하면 활동을 활발히 하고, 해가 짧아지고 날이 추운 겨울에는 겨울잠을 자요.

나팔꽃 해가 나오는 시간에 맞춰 꽃을 피워요.

나비 일정한 시간이 되면 알에서 애벌레가 깨어나고 번데기에서 나와 어른이 돼요.

몸시계는 햇빛의 양, 공기의 온도, 달의 변화 등을 알아차리고 몸이 그에 따라 활동하게 해. 한마디로 자연의 시간을 알아채는 몸의 장치지.

"또 몸시계는 우리가 가장 잘 활동할 수 있도록 맞추어져 있어. 그래서 밤에 일찍 자고 낮에 햇살을 듬뿍 받으며 뛰어놀아야 몸시계가 제대로 작동해서 건강하고 기분 좋게 지낼 수 있단다."

몸시계와 건강한 생활

밤에 일찍 자고 낮에 햇빛을 듬뿍 받으며 뛰어놀아요.

밤늦게까지 놀면 낮에는 비실비실 힘이 없어요.

선생님의 말에 찍찍이가 고개를 갸웃거렸어요.
"하지만 박쥐는 낮에 자고 밤에 깨어 있는걸요."
"밤에 활동하는 생물의 몸시계는 낮에는 자고
밤에 깨어 있도록 맞춰져 있어서 그런 거야.
박쥐가 낮에 깨서 놀면 밤에 너무 피곤해서
아무것도 못 할 테니까."

때에 따라 활동하는 동물

낮에 활동하는 동물 파리, 벌, 비둘기, 닭, 소, 염소 등은 낮에 활발히 움직여요.

밤에 활동하는 동물 모기, 사슴벌레, 장어, 가재, 너구리 등은 밤에 활발히 움직여요.

드디어 터널 밖으로 나왔어요.

"아직 낮이네? 터널에 오래 있어서 밤이 되었을 줄 알았어."

꿀꿀이가 말했어요.

"터널에 있던 시간은 그리 길지 않았지만 사방이 어둡고
배도 고파서 우리는 오랜 시간이 흐른 줄 알았던 거야.
지겨울 때는 몸시계가 시간에만 신경을 써서
시간이 천천히 가는 것처럼 느껴져.
그런데 재밌을 때는 몸시계가 시간에 신경을 쓰지 않아서
시간이 빨리 가는 것처럼 느껴지지."

빨리 갔다 늦게 갔다 고무줄 시간

놀 때는 시간이 쏜살같이 흐르고

기다릴 때는 시간이 달팽이보다 천천히 흐르고

잘 때는 시간이 흐르는 것을 몰라요.

깡총이가 귀를 쫑긋하며 말했어요.
"신경을 쓴다고요? 우리 할아버지가 신경 쓰시는 건 별시계예요.
말자리 별들이 뾰족바위 위에 오면 다 함께 모여 씨를 뿌리고
쌍둥이산자리가 소원나무 위에 오면 비를 부르는 노래를 해요.

가장 밝게 빛나는 별이 토끼조각 위에 오면 곡식을 거두어들일 시간이에요.
이때가 되면 춤을 추고 잔치를 하지요.
용자리 별들이 가운데 산 꼭대기의 도토리나무 위에 오면
추수한 곡식으로 떡을 만들어 먹으며 밤새 이야기를 나눠요."

선생님이 고개를 끄덕이며 코를 흔들었어요.
"자연의 질서에 맞추어 살기 위해 사람들은
자연의 변화를 살펴보고 이것을 나타내어 시간을 쟀어.
시간을 재거나 나타내는 도구를 '시계'라고 한단다.
시계에는 여러 가지가 있지. 마침 여기 재미있는 게 있구나."
선생님은 허리가 잘록한 병이 든 커다란 유리 공에 다가갔어요.
"이건 모래시계야. 좁은 틈 사이로 조금씩 빠져나오는 모래가 시간을 알려 주지."
선생님은 모래시계를 거꾸로 한 바퀴 돌렸어요.

자연의 변화를 본뜬 시계

시계는 제각각 모양이 다르지만 모두 자연의 변화와 연관된 것이야.
해시계는 해를 따라 움직이는 그림자를,
양초시계는 초가 불에 녹는 성질을,
추시계는 흔들거리는 추의 움직임을,
태엽시계는 용수철이 풀리는 힘을 이용한 것이지.

해시계 해는 언제나 동쪽에서 떠서 서쪽으로 움직이고, 움직이는 속도가 일정해요. 그래서 해의 움직임에 따라 물체의 그림자 길이와 위치가 변하는 것을 이용하여 시간을 쟀어요.

양초시계 불시계의 하나예요. 초가 타면서 줄어드는 양이 일정해 시계처럼 쓰였어요. 초 한 마디가 녹는 데 5분, 초 하나가 다 녹는 데 1시간이 걸린다는 식으로 말이에요.

추시계 줄에 달린 물체가 왔다 갔다 하는 박자는 일정해요. 추시계는 이런 성질을 이용해서 추가 1초에 한 번 흔들리도록 길이를 맞춰 놓았어요.

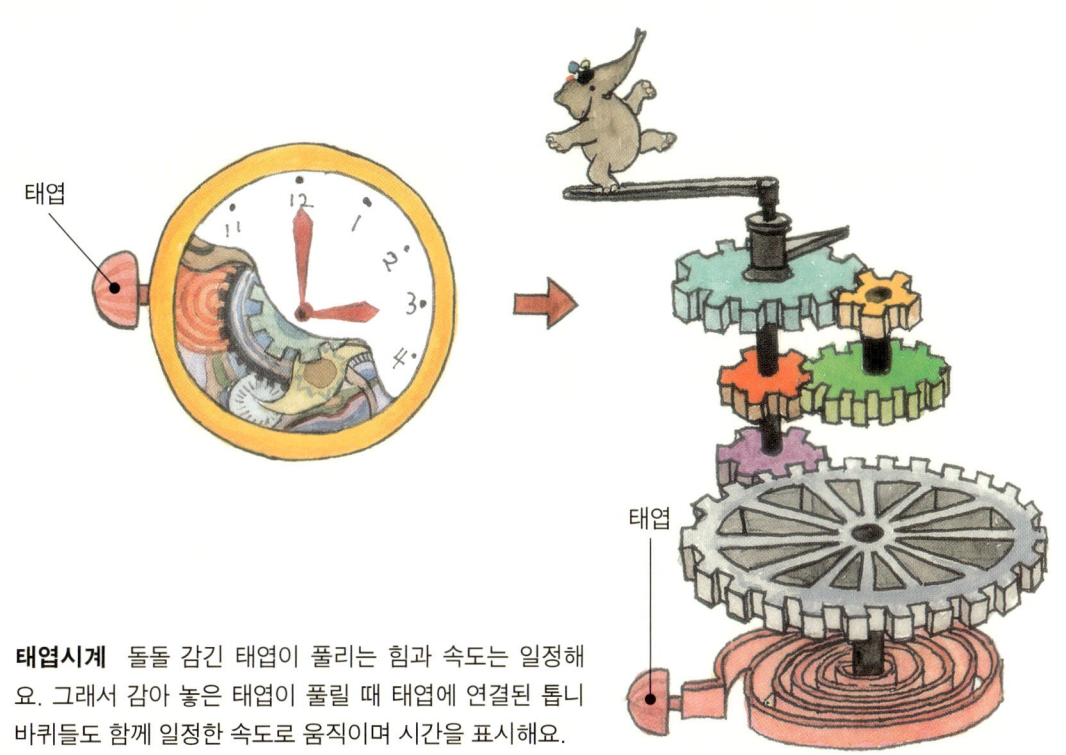

태엽시계 돌돌 감긴 태엽이 풀리는 힘과 속도는 일정해요. 그래서 감아 놓은 태엽이 풀릴 때 태엽에 연결된 톱니바퀴들도 함께 일정한 속도로 움직이며 시간을 표시해요.

사람들은 점점 더 정확한 시간을 알고 싶어 했어. 그래서 전기를 흘려 보내 움직이는 전자시계와 매우 정확하게 움직이는 원자시계도 만들었지.

시간을 정확하게 알아야 하는 경우

시간을 정확하게 재려는 데는 여러 가지 이유가 있어.
달리기 경기에서 누가 얼마나 빨리 달렸는지 알려면
간발의 차이도 가려낼 만큼 정확한 시계가 필요하지?

사방을 봐도 물밖에 없는 바다를 항해하기 위해서도 시간을 재야 해.
별의 위치를 보고 현재 시간을 비교하면서 배가 어디쯤 있는지 알아내거든.
사람들의 생활 모습이 점점 더 달라지면서
시간을 재는 이유도 변하고 시계의 모습도 달라졌지.
운동선수들의 기록을 재기 위해서도
인공위성이나 탐사선을 띄우기 위해서도
정확한 시간을 알아야 해.

지금은 정확한 시간을 재야 할 이유가 더 많아졌단다.
앞으로는 어떤 이유로 시간을 재고 어떤 시계를 쓰게 될까?

칙칙폭폭 칙칙폭폭.
기관사 아저씨가 손을 흔들며 달려왔어요.
"아저씨, 우리들이 만든 시계 좀 보세요."
아이들이 입을 모아 자랑했어요.
"오, 멋지다! 그걸 보니 기차들이 달리기 전의 시간이 생각나는구나."
아저씨가 멀리 고개 너머를 바라보며 말했어요.

다르게 대하게 된 시간

옛날에는 시간을 '밥 먹고 나서'라든지
'해가 산봉우리에 올 때'라는 식으로 말했어.
그런데 기차가 빠르게 달리면서 여러 곳을 지나자
누구나 똑같이 쓰는 기차 시간표를 만들게 되었고

기차 시간을 정확하게 지켜야 했기 때문에
사람들이 시간을 대하는 태도도 달라졌지.
'점심 먹고 나서 기차를 탄다.'가 아니라
'오후 2시에 기차를 탄다.'고 말하게 된 거야.

선생님이 맞장구쳤어요.
"정말 그래. 게다가 비행기가 전 세계를
하루 만에 다닐 수 있게 되면서 '시차'라는 말까지 생겼지.
시차는 세계 곳곳의 '시간 차이'를 일컫는 말이야.
비행기를 타고 여행할 때는 나라마다 시차가 나니까
도착한 나라의 시간을 확인하고 시계를 다시 맞춰야 한단다."

야옹이는 꿈을 꾸는 듯한 얼굴로 말했어요.
"그건 바로 책이에요. 책 속의 시간은 백 년이나 흘렀는데, 지금 내가 책 읽는 동안은 한 시간밖에 흐르지 않았어요.

어떤 책을 보면 용이랑 놀기도 하고 우주 탐험도 하죠.
또 타임머신을 탄 것처럼 옛날로 돌아가기도 하고 먼 앞날의 일도 알 수 있어요."

선생님이 커다란 귀를 펄럭이며 말했어요.
"그래. 정말 재밌는 책을 읽으면
마치 시간 여행을 하는 듯한 기분이 느껴지지.
시간은 신기하단다.
누구에게나 같은 시간이 주어지지만
그 시간에 무엇을 하는가에 따라
전혀 다른 시간을 느낄 수 있지.
너희들은 어떤 시간을 느끼고 싶니?"
찍찍이가 두 팔을 한껏 벌리며 펄쩍 뛰어올랐어요.

"이만큼 크고 신나는 시간요."

기차는 칙칙폭폭 칙폭 칙폭.
구름은 둥실 둥실 두둥실.
시간이 흘러갑니다.

한 발짝 더

아는 재미! 노는 재미!

시간 박물관에 오신 것을 환영합니다!
시계 읽기와 달력 보기 등을 배우면서
시간에 대해 좀 더 알아보아요.

시계로 알아보는 시간 이야기

● **시계의 공통점은 무엇일까요?**

손목시계, 벽시계, 탁상시계 등 우리 주위에는 여러 가지 모양과 쓰임새를 가진 시계들이 있어요. 모양이나 만들어진 재료가 달라도 모든 시계는 공통점이 있지요. 그것은 바로 시간이 얼마나 흘렀는지를 알려 주는 것이에요.

탑시계

해시계

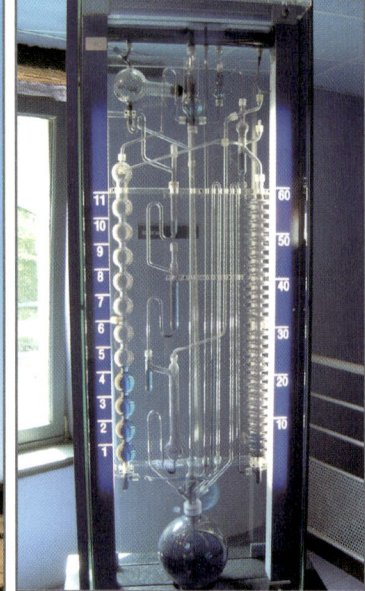

물시계

디지털시계

괘종시계

● **시계의 시간 단위를 알아볼까요?**

1. 1초

시계가 알려 주는 아주 짧은 시간이에요. 1초 동안 우리는 눈을 깜빡일 수 있고, '아' 하고 소리를 지를 수 있어요. 빛은 1초에 지구를 일곱 바퀴 반이나 돈다고 해요.

재채기 한 번(1초)

박수 한 번 '짝'(1초)

2. 1분

1초가 60개 모인 시간이에요. 1분 동안 우리는 60까지 숫자를 셀 수 있고, 우유를 한 잔 마시고 트림까지 할 수 있어요. 심장은 1분에 보통 70번을 뛰어요.

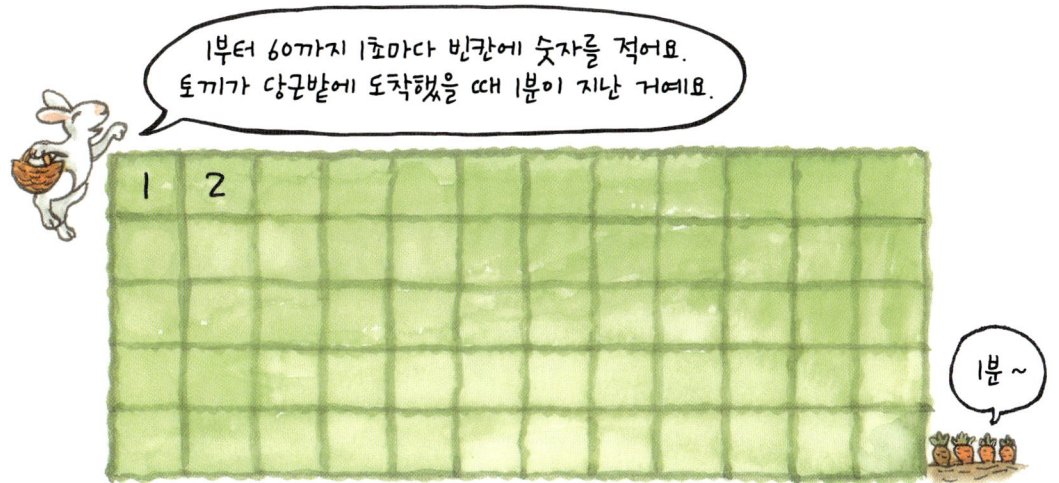

3. 1시간

1시간은 60분, 3600초예요. 1시간 동안 우리는 책을 읽고, 축구 경기를 하고, 요리를 하고, 산책을 할 수 있어요.

# 시계로 읽는 시간 이야기

● **왜 시계를 읽을 줄 알아야 할까요?**

우리는 학교에 가는 시간, 점심을 먹는 시간, 텔레비전을 보는 시간 등 생활의 많은 부분을 시계가 알려 주는 시간에 따라 움직여요. 시계를 읽는 법을 알아야 다음 일을 할 때까지 시간이 얼마나 있는지, 지금은 무엇을 해야 하는 시간인지 알 수 있어요.

분침
긴바늘은 '분'을 가리켜요. 긴바늘이 한 바퀴를 도는 동안 짧은바늘은 숫자 한 칸만큼 움직여요. 한 바퀴를 돌면 60분이 흐른 것이고, 이것이 바로 한 시간이랍니다.

시침
짧은바늘은 '시'를 가리켜요. 긴바늘보다 천천히 조금씩 움직이지요.

● 시계는 어떻게 읽나요?

긴 바늘이 반 바퀴 도는 동안 짧은 바늘도 눈금의 반만큼 움직이는구나!

1. ○시
긴바늘이 12에 있을 때 짧은 바늘이 가리키는 숫자가 '시'가 됩니다.

2. ○시 30분
긴바늘이 6에 있을 때 짧은 바늘은 두 숫자 사이에 와요. 이때 짧은바늘이 지난 숫자가 '시'가 되고, 긴 바늘이 가리키는 시각은 '30분'이 됩니다.

● 다음 그림을 보고 알맞은 답을 써 보세요.

1. 시곗바늘을 바르게 그려 넣거나 시계를 보고 시각을 말해 보세요.

6시   2시 30분   □시   □시 □분

2. □ 안에 알맞은 수를 써넣으세요.

□시 □분에 수영을 하고 집으로 돌아와 □시에 잠자리에 들었습니다.

★ 정답은 책의 마지막 쪽에 있습니다.

째깍째깍 시간 느끼기

● 다음 문제를 읽고 물음에 답하세요.

1. 1초 동안 동그라미 안에 몇 개의 점을 찍을 수 있는지 실험해 보세요.

☐ 개

2. 1분 동안 다음의 두 그림을 비교해 보고 다른 부분을 모두 찾으세요. (총 10개)

● **1시간 동안 버터케이크를 만들어 볼까요?**

만드는 시간 준비 20분, 굽기 40분
준비물 버터 125그램, 설탕 $\frac{3}{4}$컵, 달걀 2개, 케이크·과자용 밀가루 2컵, 우유 $\frac{1}{2}$컵, 베이킹파우더 조금

1. 오븐의 온도를 180도로 맞춰 오븐을 미리 데워 놓아요. 지름 20센티미터의 둥근 케이크 판에 기름을 발라요. 버터와 설탕이 부드러운 크림처럼 될 때까지 저은 다음, 달걀을 넣어 잘 섞어요. (10분)

2. 버터, 설탕, 달걀을 섞은 것에 우유를 넣고 다시 잘 섞으면서 밀가루와 베이킹파우더를 체에 쳐서 넣어요. (10분)

3. 케이크 판에 반죽을 담아 180도로 데워진 오븐에 넣고 40분 동안 구워요. 젓가락을 넣어 보아 아무것도 묻어나지 않으면 다 된 거예요.

4. 모두 60분, 1시간이 지났습니다. 식혀서 맛있게 먹어요!

달력으로 알아보는 시간 이야기

● 달력은 무엇일까요?

달력은 '해' '달' '주' '날' 같은 시간 단위를 한눈에 볼 수 있는 도구입니다. 달력은 지나간 날과 다가올 날을 순서대로 보여 줍니다. 날짜를 안다면 어느 일이 먼저 일어났고, 어느 일이 나중에 일어났는지를 알 수 있어요. 달력이 없다면 생일잔치, 축구 시합 같은 행사에 어떻게 참석할 수 있겠어요? 달력 덕분에 우리는 앞으로의 일을 계획할 수 있고 지나간 일을 차근차근 되새겨 볼 수 있어요.

● 달력의 시간 단위를 알아볼까요?

1. 하루(날, 일)
달력의 가장 작은 단위예요. 하루는 24시간으로 이루어져 있어요. 이것은 지구가 제자리에서 한 바퀴 도는 시간으로, 하루가 지나는 것은 낮과 밤이 바뀌는 것으로 알아요.

2. 주
하루가 7개 모인 시간 단위입니다. 한 주 안에 있는 날들을 '요일'이라고 부르고, 차례대로 '월, 화, 수, 목, 금, 토, 일'이란 이름으로 표시해요.

3. 달(월)
한 달은 일정하게 차고 기우는 달의 변화를 따라 만들어졌어요. 하루하루 날짜를 셀 수 있지만, 그 수가 150이나 256처럼 많아지면 헷갈릴 거예요. 그래서 달력에서는 한 면에 한 '달'을 표시해요. 한 달은 보통 30일 또는 31일로 이루어져 있어요. (2월은 28일 또는 29일입니다.)

4. 해(년)
한 해(1년)는 지구가 태양의 둘레를 한 바퀴 도는 시간으로 365일, 열두 달이 모여 1년이 돼요. 해는 '달'을 묶어 주는 더 큰 단위랍니다.

 # 하루하루 시간 느끼기

● 다음 그림을 보고 알맞은 답을 써 보세요.

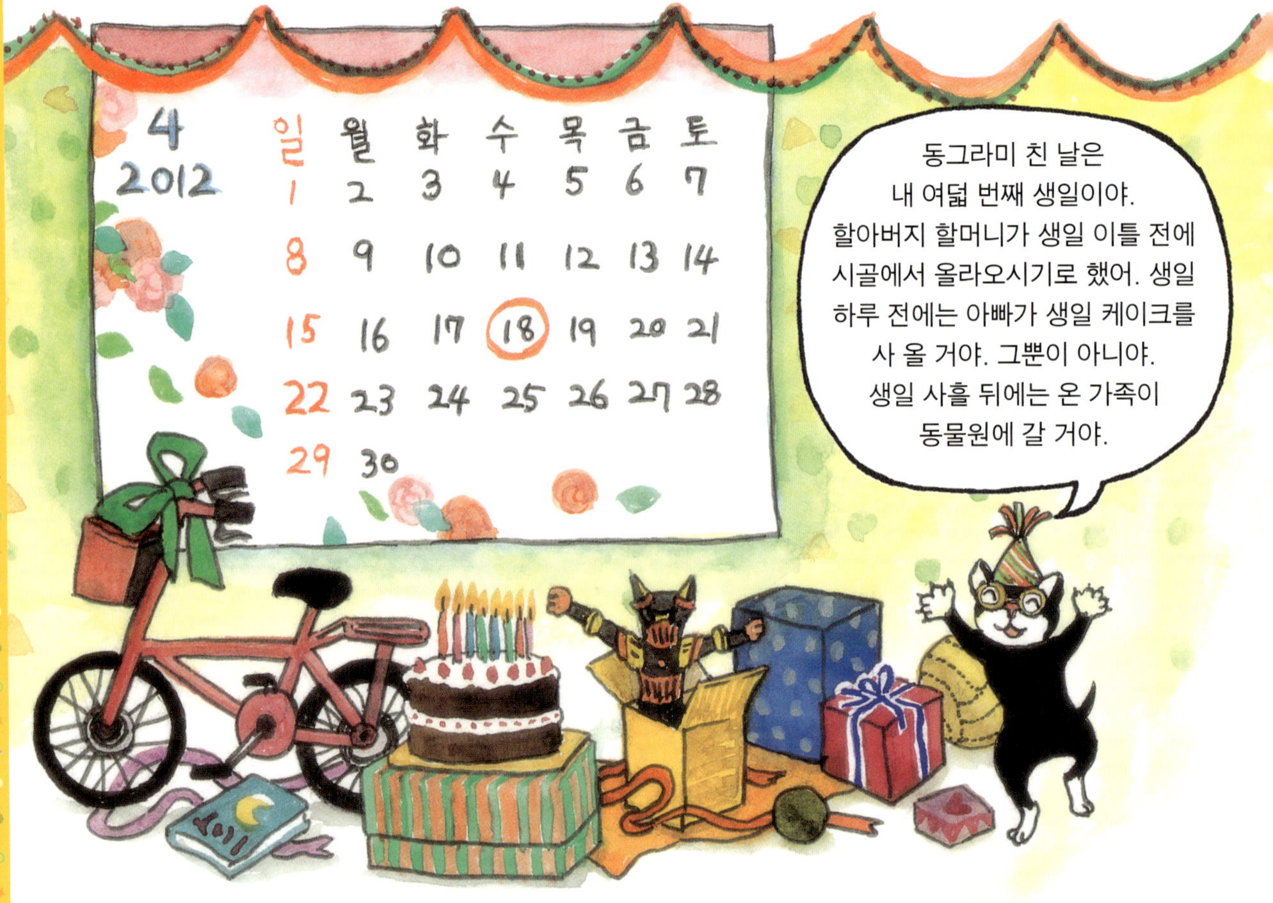

> 동그라미 친 날은 내 여덟 번째 생일이야. 할아버지 할머니가 생일 이틀 전에 시골에서 올라오시기로 했어. 생일 하루 전에는 아빠가 생일 케이크를 사 올 거야. 그뿐이 아니야. 생일 사흘 뒤에는 온 가족이 동물원에 갈 거야.

1. 야옹이의 생일은 몇 월 며칠인가요?
2. 동물원에 가는 날은 몇 월 며칠, 무슨 요일인가요?
3. 할아버지 할머니가 오는 날은 며칠인가요?
4. 아빠가 생일 케이크를 가지고 오는 날은 무슨 요일인가요?

● **여러분은 어떤 하루를 보내고 싶나요?**

내가 바라는 하루 시간표를 만들어 보세요. 24시간은 충분한 시간일까요, 부족한 시간일까요? 하루가 39시간이나 12시간이라면 무엇이 달라질까요?

규칙으로 보는 시간 이야기

● **반복되는 규칙을 찾아볼까요?**

사람에게는 반복되는 규칙을 알아내는 능력이 있어요. 시간에 대해 알고 시계나 달력을 만들게 된 것도 이런 능력 때문이에요. 자, 다음 그림을 보고 규칙을 알아내 빈칸을 채워 보세요.

> 되풀이되는 모양들을 묶음으로 묶어 보자.

> 동그라미를 한 방향으로 계속 돌려 볼까?

1 3 5 □ 9 11 □ 15

> 뒤의 수에서 바로 앞 수를 빼 보면……!

● 옛날 사람들의 달력을 볼까요?

옛날 사람들은 자연의 규칙을 알아내어 숫자나 글자 대신 해의 그림자나 별이 뜨는 자리 등으로 때를 나타냈어요. 지금도 남아 있는 옛사람들의 달력을 보세요.

앙부일구 1434년 조선 시대 세종 때 장영실이라는 사람이 만들었어요. 오목한 시계 판에 세로선 7줄과 가로선 13줄을 그었는데, 세로선은 시간을 알려 주는 '시각선'이고 가로선은 '계절선'이에요. 계절에 따라 같은 시간에 드리워지는 그림자의 길이가 달라서 그림자의 길이를 보면 1년 중 어느 때인지 알 수 있어요.

스톤헨지 영국 윌트셔 주 솔즈베리 평원에 있어요. 기원전 1800~1400년경에 세워졌어요. 엄청나게 큰 돌기둥들이 가운데 제단석을 둘러싸고 늘어서 있어요. 스톤헨지는 태양과 달의 움직임을 알 수 있게 만들어졌어요.

이것까지 알면 척척박사

지금 우리가 쓰는 달력은 어떤 규칙을 따랐을까요?

고대 이집트 사람들은 태양이 하늘의 별자리들을 한 바퀴 빙 도는 데 걸리는 시간인 365일을 1년으로 하고, 30일로 이루어진 열두 달에다 마지막 달에 5일을 더하는 식으로 달력을 만들었어요. 기원전 45년 무렵, 고대 로마의 율리우스 카이사르(기원전 100~44)는 이 이집트 달력을 바탕으로 달력을 만들었는데 이것은 곧 유럽 전체로 퍼져 사용되었고, 1582년 교황 그레고리우스 13세는 이전 달력이 갖고 있던 문제들을 고쳐서 '그레고리력'이라는 새로운 달력을 발표했어요. 이때부터 지금까지 전 세계 사람들은 그레고리력을 사용하고 있지요.

그레고리우스 13세(1502~1584)

작가의 말

시간 속에서 변하는 어린이들에게

'시간은 금이다.' '시간이 눈 깜짝할 사이에 흘렀다.' 등등 시간과 관련해 사람들이 하는 말은 아주 많아요. 특히 '시간이 없어.'라는 말은 아주 흔히 쓰이지요. 그런데 여기에서 말하는 '시간이 없다'는 무엇을 말하는 것일까요? 정말로 시간이 사라져 버린 것일까요? 아니면 모든 것이 멈춰 버린 상태를 말할까요?

사람들은 아주아주 바쁘고 다급할 때 시간이 없다고 해요. 이처럼 시간이 없다는 말을 '바쁘다'는 뜻으로 쓰는 까닭은 시간을 시계나 달력에 표시된 숫자로 여기기 때문인 것 같아요. 우리는 아침부터 밤까지 시계가 가리키는 시간을 보며 생활하고, 1년 365일 달력이 알려 주는 때에 맞춰 생활하지요. 그러다 보니 '1시간' '3일'과 같이 우리에게 '시간은 곧 숫자'로 굳어져 버린 것이 아닐까요?

제가 어릴 때는 "7시에 만나자."라고 말하는 대신 "저녁 먹고 나서 만나자."라고 했어요. 일찍 나온 아이들이 놀고 있으면 점차 한 명씩 두 명씩 나와 해가 어둑어둑 질 무렵에는 모두 모여 함께 놀았지요. 놀이터에서는 아무도 시간이 없거나 바쁘다고 불평하지 않았어요. 그때 느꼈던 시간은 한가롭고 평화로웠지요.

그 한가롭고 평화로운 시간이 너무 좋다는 것을 알기 때문에 저는 힘든 일이 있을 때는 꼭 그런 시간을 가져요. 그러면 기분이 훨씬 좋아지고 힘도 나요. 너무 바쁜 시간표 속에서 '시간이 없어.'라는 말을 당연하게 받아들이면, 점점 지치고 힘이 들지도 몰라요.

시간이란 단순히 시계가 가리키는 어느 한 점이 아니에요. 시간은 '변화하는 힘'이에요. 씨앗이 자라 열매를 맺는 것, 밤과 낮이 바뀌고 계절이 변하는 것, 달의 모양이 변하고 해가 움직이는 것 등 시간은 세상의 모든 변화로 드러나요.

시간에는 박자가 있어요. 마치 딴따다 딴따다 하는 음악처럼요. 해가 뜨고 지는 것, 달이 차올랐다 이울어지는 것, 밀물과 썰물, 봄 여름 가을 겨울, 모두 박자를 가지고 있어요. 그렇기 때문에 자연의 모든 생물은 시간을 느끼고 시간에 맞추어 살아가지요. 사람도 마찬가지고요.

시간이 무엇인지 안다면 어른들이 '시간이 없다'고 마구 재촉할 때 이렇게 말할 수 있을 거예요. "아니요, 시간이란 건 없을 수가 없어요. 시간은 언제나 있답니다." 하고 말이에요.

권재원

글·그림 ● 권재원

1975년 서울에서 태어나 서울대학교 산업디자인과를 졸업하고, 영국에서 미학과 퍼포먼스를 공부했습니다. 그동안 『난 분홍색이 싫어』 『10일간의 보물찾기』 『함정에 빠진 수학』 『침대 밑 그림 여행』 『왜 아플까?』 『처음 만나는 공공장소』 『좋은 돈, 나쁜 돈, 이상한 돈』 『4GO뭉치』 『리코더를 불자』 등을 펴냈습니다. 개구쟁이 쌍둥이 기백, 기준과 즐겁게 읽을 수 있는 책을 많이 만드는 것이 꿈입니다.

정답

● **시계로 읽는 시간 이야기**(49쪽)

1.
6시   2시 30분

5 시   11 시 30 분

2. 7, 30, 9

● **하루하루 시간 느끼기**(54쪽)

1. 4월 18일

2. 4월 21일, 토요일

3. 16일

4. 화요일

● **째깍째깍 시간 느끼기**(50쪽)

1. 여러분이 적은 숫자가 바로 답이에요.

2.

● **규칙으로 보는 시간 이야기**(56쪽)

1 3 5 7 9 11 13 15